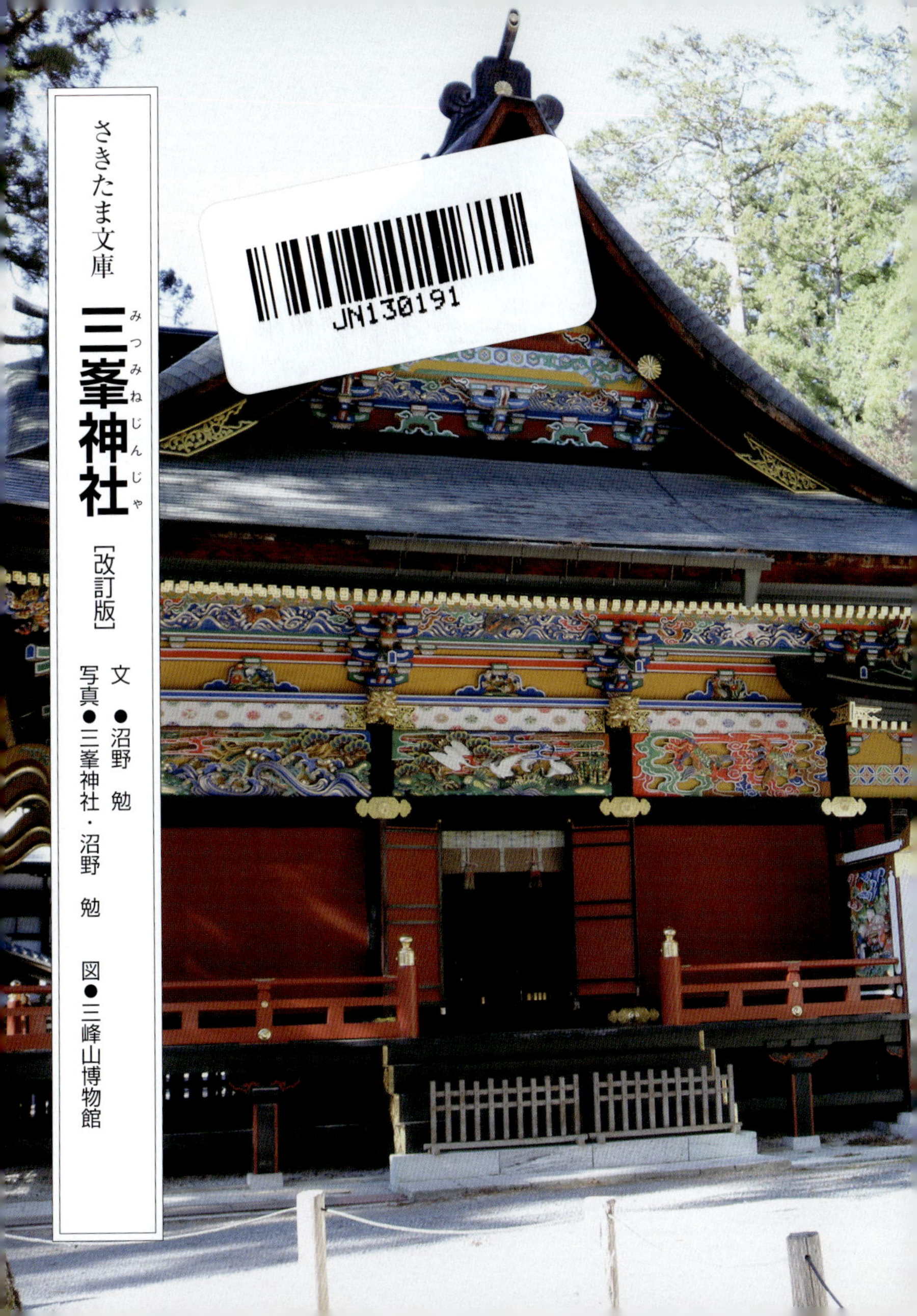

さきたま文庫

三峯神社《みつみねじんじゃ》

［改訂版］

文●沼野 勉
写真●三峯神社・沼野 勉
図●三峰山博物館

秩父山中の霊峰

三峯《みつみね》神社は、秩父多摩甲斐国立公園の南東に位置する標高一一〇二メートルの三峰山の一角に鎮座《ちんざ》している。付近には秩父湖や大陽寺《たいようじ》などもあり、自然に恵まれた観光地としても、四季を通じて多くの人々に親しまれ、また、近年は奥秩父の登山コースの起点としても知られている。

ここを訪れるには、電車とバスを乗り継いで行くのが一般的であるが、昭和四二年（一九六七）に三峰観光道路が開通してからは、車のほうが便利になってしまった。しかし、ゆっくり旅を楽しむには、電車とバスに揺られて行くのがよい。東京方面からは、西武鉄道で西武秩父駅まで行く方法と、JR高崎線を利用し、熊谷駅で秩父鉄道に乗り換え、終点の三峰口駅に着く方法がある。西武秩父駅からは三峯神社行きの急行バスがあり、三峰口駅では同じく三峯神社行きの西武バスが出迎えてくれる。因みに、三峰口駅周辺は贄川《にえかわ》と呼ばれる集落で、上州から来る道との合流点にあたり、かつては集

「ミネ」 「ミネ」の表記については、原則として常用漢字の「峰」を用いることとしたが、三峯神社では、古くから一貫して「三峯」と表記しているので神社に関する字は「峯」で統一した。

秩父多摩甲斐国立公園 昭和二五年七月一〇日に指定された国立公園で、埼玉県・東京都・山梨県・長野県の一都三県にまたがる一二万一六〇〇ヘクタールの地域である。この公園の代表的な景観は深山幽谷であり、山頂までに及ぶ深い原生林と、水成岩や深成岩を浸食して流れる表情豊かな渓谷である。

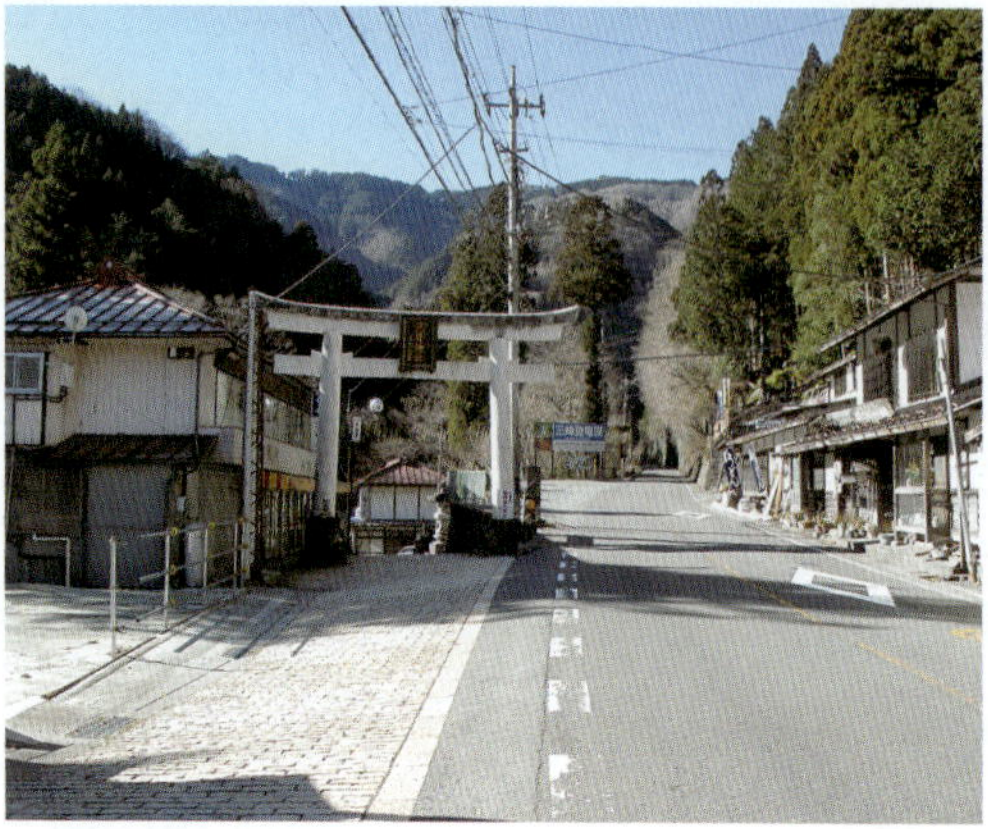

一の鳥居と大輪の町並

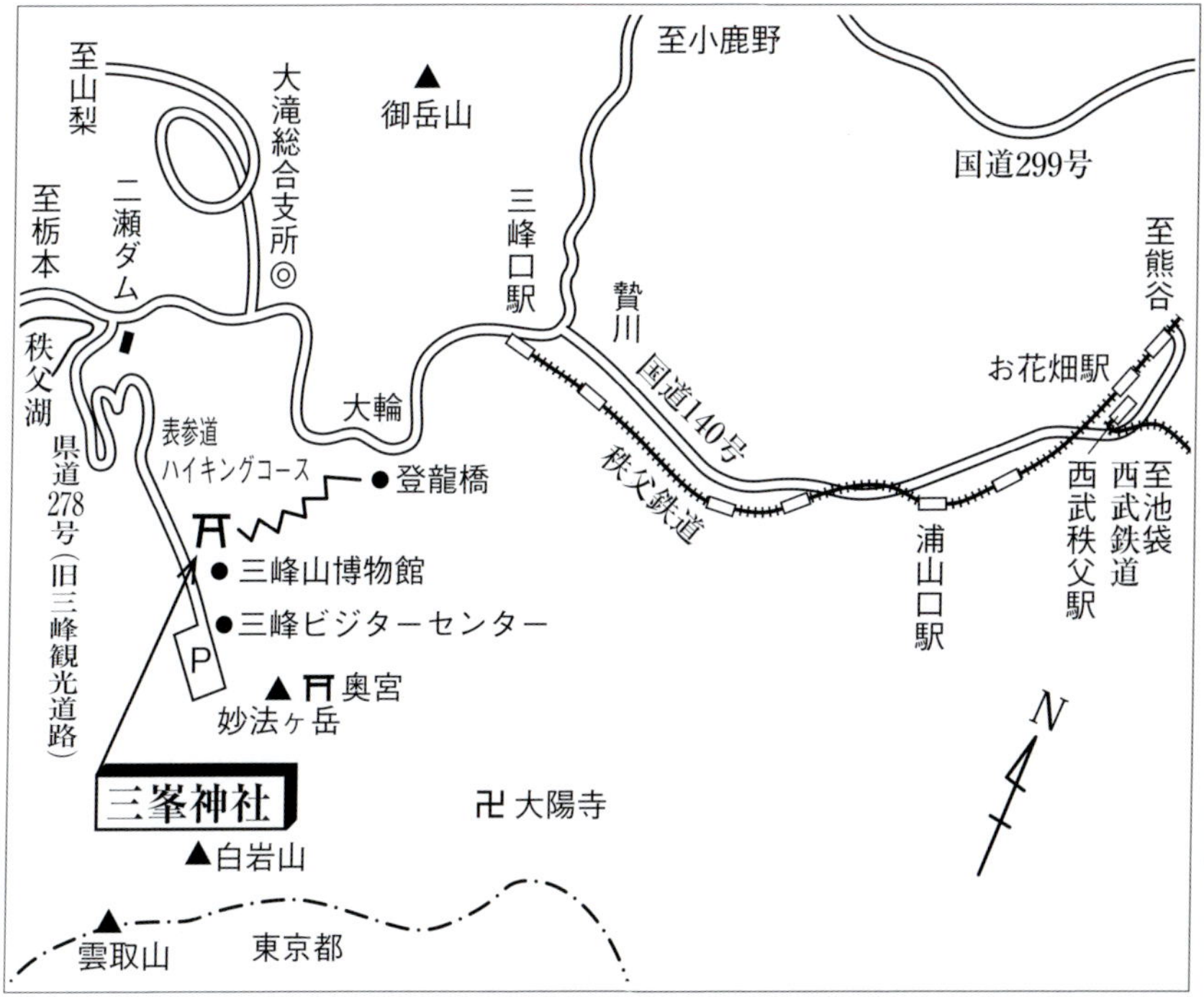

落のはずれに三峯神社の鳥居が建ち、三峯参詣への入口であった。

ここから先は、深い谷が続く秩父渓谷で、バスに乗って山あいを走る国道一四〇号線を秩父湖（二瀬ダム）まで行き、ここから平成二五年（二〇一三）八月に開通した秩父湖大橋を渡り、県道二七八号線となった三峰観光道路に沿って急峻な山道を進むと、神社手前の駐車

参道沿いの店屋

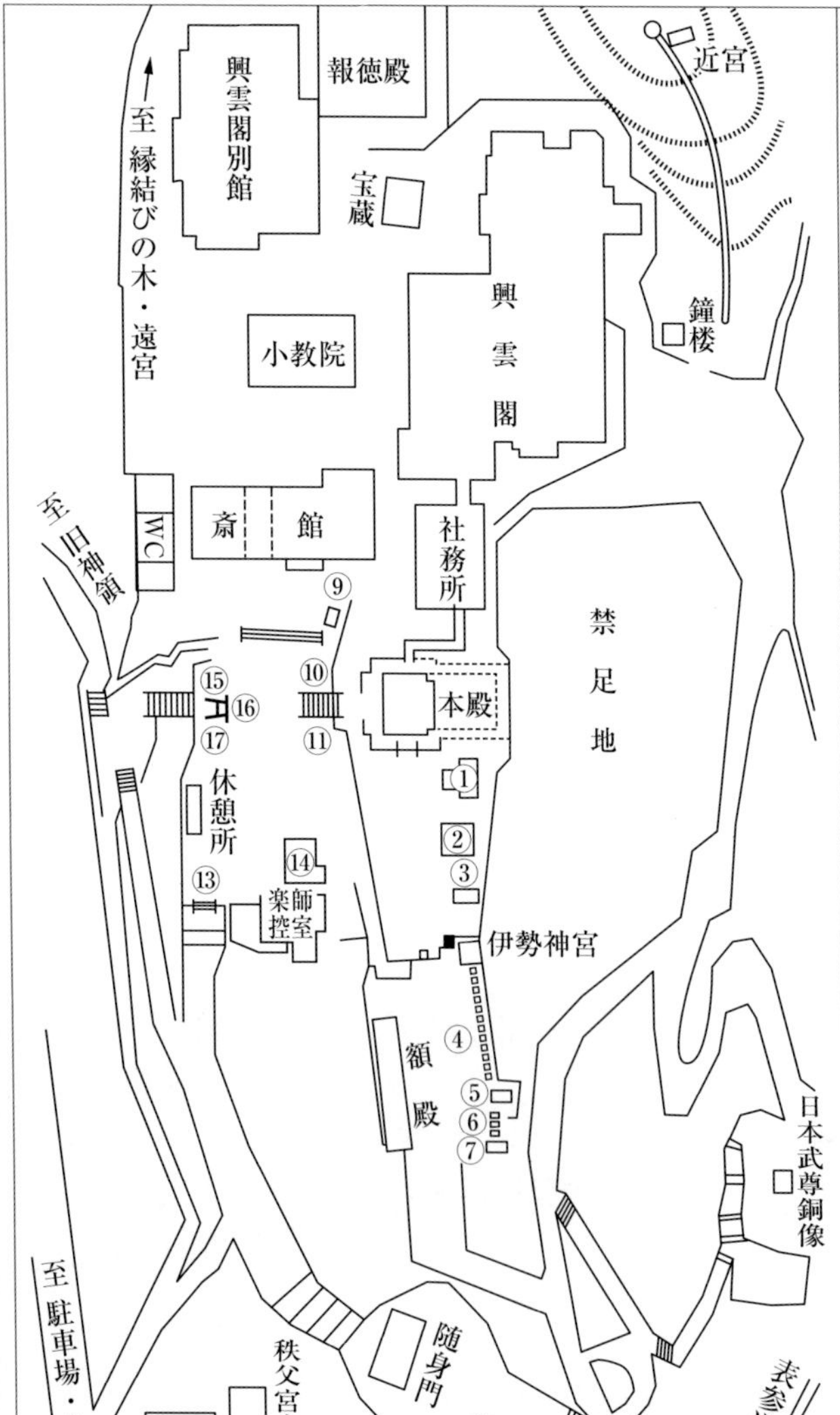

① 祖霊社
② 国常立神社
③ 日本武神社
④ 末　社
　上より 月読神社
　猿田彦神社
　塞神社
　鎮火神社
　厳島神社
　杵築神社
　琴平神社
　屋船神社
　稲荷神社
　浅間神社
　菅原神社
　諏訪神社
　金鑽神社
　安房神社
　御井神社
　祓戸神社
⑤ 東照宮
⑥ 末　社
　上より 春日神社
　八幡神社
　秩父神社
⑦ 大山祇神社
⑧ 奥宮遥拝殿
⑨ 神札授与所
⑩ 重忠杉
⑪ 重忠杉
⑫ 旧請願巡査詰所
⑬ 女人禁制門跡
⑭ 神楽殿
⑮ 手水舎
⑯ 青銅鳥居
⑰ 八棟木燈台《やつむねもくとうだい》

北

境内略図

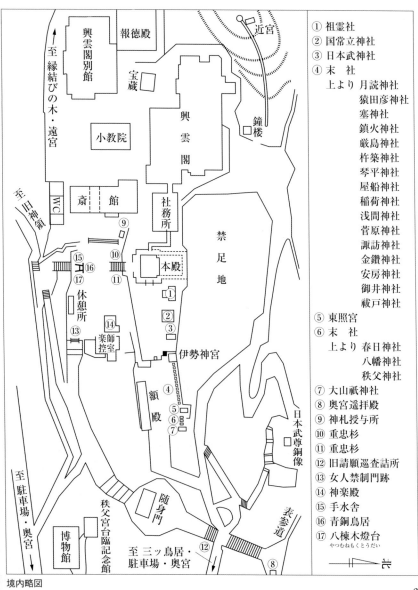

三峰口駅

登龍橋

場にたどり着く。なお、途中の大輪《おおわ》集落には国道一四〇号線沿いに大輪バス停があり、すぐ近くに三峯神社の一の鳥居が建っている。かつては、ここが三峯神社への登り口であり、荒川に架かる登《と》龍橋《りゅうきょう》を渡ると、五二丁の急坂を登る登山道があって、今でも表参道のハイキングコースとなっている。健脚の方にはお勧めの参詣道である。また、昭和三九年（一九六四）から平成一九年（二〇〇七）までは、秩父鉄道が運営する三峰山ロープウェイがあり、麓の大輪駅から山頂駅まで、標高差約六八〇メートルもある参詣道の上空を約八分で運んでくれた。

三ッ鳥居

随身門　神社を守護する門守神（かどもりかみ）を安置した神門のこと。門守神はもと天石戸別神（あめのいわとわけのかみ）の異称であるが、一般には神社の随身門に立っている矢大臣（やだいじん）をいい、看督長（かどのおさ）の装束を身につけている。

駐車場からは奥秩父の山々が見渡せ、自然を満喫できる。駐車場から続く上り坂の道路を進んだところが神社の入口で、右手に移築民家や三峰ビジターセンターなどがある。スロープを歩いて階段を上る通路もある。茶店が建ち並ぶ参道を進むと、左手の博物館とともに、三ッ鳥居が現れ、やがて随身門《ずいしんもん》の前に至る。随身門をくぐると、参道の両側に信者が奉納した石灯籠や記念碑が並び、右手に本殿への石段と青銅の鳥居が現れる。この石段を上って鳥居をくぐると、豪華に彩色されて重厚な趣を湛えた拝殿が参拝者を迎えてくれる。

随身門

市営駐車場（後方に雲取山・白岩山を望む）

拝殿

奥宮遥拝殿

登龍橋から続く表参道

神社創建

三峯神社の歴史は古く、『当山大縁起《とうざんだいえんぎ》』によると、日本武尊《やまとたけるのみこと》が東征の途中甲斐国酒折宮《さかおりのみや》から雁坂峠《かりさかとうげ》を越えて当山に登り、遥かに国中の地理を見渡し、神威の擁護を願い仮宮を造営して伊弉諾尊《いざなぎのみこと》・伊弉冊尊《いざなみのみこと》を祀ったことに始まる。その後、景行《けいこう》天皇は東国巡幸に際し尊の戦跡を訪ねてこの山に登り、三山の高く聳え立つことを見て「三峯宮」の称号を授けたと伝えている。三山とは雲取《くもとり》・白岩《しらいわ》・妙法《みょうほう》の山々で、付近では特に秀でているところから、古くはこの三山を称して三峰と呼んでいた。

日本武尊銅像

日本武神社

当山大縁起　神社の創建から江戸時代中期頃までの出来事と由緒が記されている。成立年代は不詳である。巻子装。

日本武尊　景行天皇の皇子で名を小碓命(おうすのみこと)という。九州の熊襲や東国の蝦夷を討ち、美濃からの帰途伊勢で没した。その伝承は大和王権の国内統一に苦労した多くの勇者の物語をまとめて文学化したものと考えられている。

密教的側面　密教は、大日如来を本尊とする教えで、両手の指を組み口で短い呪文を唱えて心を統一し、身を仏の悟りの境地に置けば、肉身のままで仏になることができるとされた。その呪術性をもつ荘厳な儀式や教義の功利性などは、現世利益を望む貴族階級に喜ばれた。山岳信仰は、密教の呪術性や教義の功利性などの要素を取り入れて発展した。

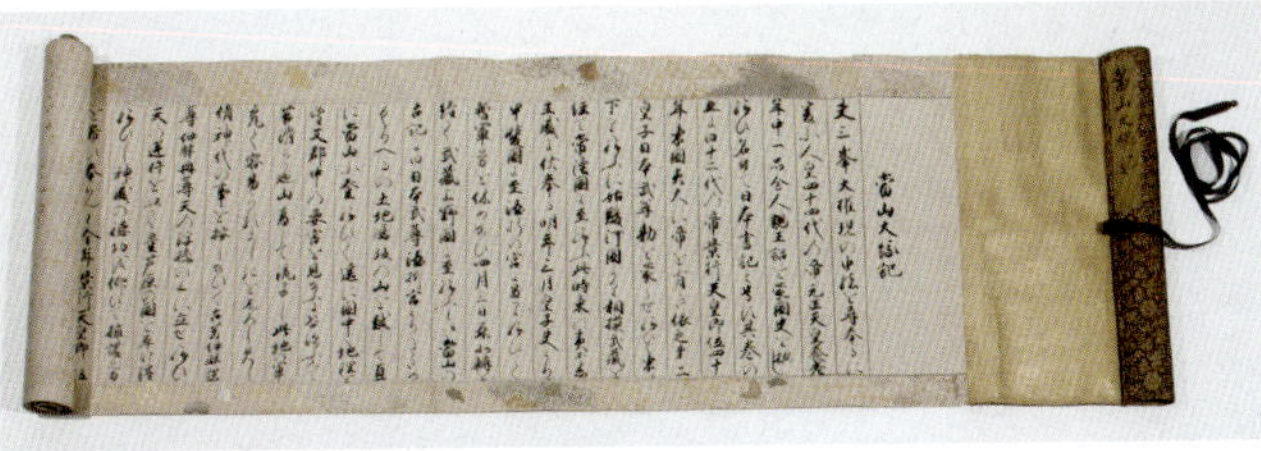

当山大縁起 (巻頭)

わが国では、山の神が春になると里に降りて田の神となり、秋にはまた山に帰り山の神になるという古くから伝わる信仰がある。これらの山々は遠くからも遥拝でき、早くから山の神信仰の対象として地域の人々に親しまれていたであろうし、荒川の水源地帯にあたるところから、農業の神としても信仰されていたものと思われる。また、この地域は古代から甲州や信州と武蔵国を結ぶ重要な交通路にあたり、人々の往来が盛んであったものと想像されるが、三峯神社が日本武尊の東征説話を神社創始の起源とした理由も、このあたりに起因するものと思われる。いずれにしろ、こうして人々の目に触れる機会に恵まれ、秩父山中ではひときわ高く聳え立つ三峰が、信仰の山として古くから認識されていたであろうことは想像に難くない。

当山大縁起

伊勢神宮

国常立神社

大山祇神社

修験の山

三峯神社が信仰の対象としての神社の体裁を整えはじめるのは、平安時代末期頃からで、古来の山の神信仰に密教的な側面が習合し、密教験者による山岳修行が盛んに行われるようになってからであると考えられる。『当山大縁起』によると、修験道の祖師として崇敬された役小角《えんのおづぬ》が三峰山に登って修行し、雲取・白岩・妙法岳の三山を聖地と定めたとする伝承があり、また、雲取山には那々石大権現《なないしだいごんげん》を祀り、白岩山には白山妙理大権現《はくさんみょうりだいごんげん》、妙法岳には熊野三社大権現・三王社《さんのうしゃ》を祀ると記されている。雲取山頂では江戸時代まで柴燈護摩《さいとうごま》が修せられ、妙法岳には現在でも三峯神社の奥宮《おくみや》が祀られている。このことからも、三峯神社が修験道と深くかかわっていたことを窺い知ることができる。

修験道で平安時代末期に盛んとなるのは熊野信仰であり、東国では地頭《じとう》級の武士を中心に信仰を集めたが、布教にあたっ

三峰山全図（「印籠譜」部分）

役小角　奈良時代大和国葛城山（かつらぎやま）にいた呪術者で、世を惑わす妖言を吐いたとの理由で伊豆に遠流された。実在者としての小角は山岳信仰を楯としたシャーマン的なものであったが、密教が山岳信仰と結びつくようになると、呪験力の優れていたことを讃え、小角を理想的祖師として仰ぐようになった。やがて、それが各地の霊山において関係をもった人物であるかのように伝説化し、役行者の開創と伝える説話へと発展していった。

柴燈護摩　護摩は密教の修法の一つで、護摩壇に炉を設け、草木や供物などの護摩木を焚いて、息災や増益などを祈るものである。

役行者(役小角)と二鬼像

たのは先達《せんだつ》と呼ばれる山伏で、彼らは密教験者として修業を積み、各地に拠点を構えた。三峯神社は、この影響を受けて発展した霊場の一つで、鎌倉時代には、畠山重忠《はたけやましげただ》などの東国武士の信仰を集めていたことが知られている。重忠は、建久六年（一一九五）に十里四方の地を寄進し守護不入の地としたと伝えている。

こうして、鎌倉時代に修験道の霊場として発展した三峯神社も、南北朝期から室町時代にかけては不遇の時代を迎えることとなった。すなわち、正平七年（一三五二）に南朝方の新田義興《にったよしおき》をかくまったことから、室町時代の鎌倉府の反感を買って社領を没収され、その後は次第に衰退していった。これを再興したのが熊野修験者道満《どうまん》で、『当山大縁起』には、文亀二年（一五〇二）壬戌の歳、一道士有来て宮楼の衰微敗を見、堂舎の破壊を嘆て、郡中を勧て再神仏の威光を忝ふす、夫当山の中興臥行者道満是也とある。道満は、天文二年（一五三三）

中興開山を祀る祖霊社

中興月観道満像

熊野信仰　本宮（ほんぐう）大社・速玉（はやたま）大社・那智（なち）大社の熊野三山を中心とした信仰で、山岳宗教の興隆に伴って盛んとなり、本山派（ほんざんは）（天台系）山伏の根拠地となった。院政期には皇室や権門勢家がしきりに熊野詣でを催したが、中世になると、武家をはじめ庶民の間にも広まり、盛行を極めた。全国各地から熊野道者が集まるとともに、熊野三山からも御師（おし）や先達などが出現し、霊験の布教に努めた。

畠山重忠（一一六四～一二〇五）　鎌倉時代の武将で、次郎と称した。県北一帯に勢力を張り、源頼朝の挙兵に際しては平家に味方して三浦氏を攻めたが、やがて頼朝に仕え数々の合戦で軍功を挙げた。なかでも宇治川や一の谷の合戦での活躍は有名である。頼朝の死後は頼家を補佐し、和田義盛などとともに元老として幕政に参画した。しかし、北条時政にその力をねたまれ、謀叛を理由に武蔵国二俣川で謀殺された。

妙法ヶ岳山頂の奥宮

奥宮二の鳥居

奥宮四の鳥居

修験者が使った結袈裟と頭巾(右)

新田義興（一三三一～一三五八）　南北朝時代の武将で、新田義貞（よしさだ）の子。足利氏の内紛に乗じて一時鎌倉を占領したが、武蔵国人見原及び金井原で足利尊氏と戦って敗れ、鎌倉を追われた。その後、越後方面に潜んで再起をはかったが、足利基氏（もとうじ）の計略により武蔵国に誘い出され、多摩川の矢口渡しで刺殺された。

に堂宇を再建した。その後、三峯宮は天台修験本山派《ほんざんは》に属し、越生の修験山本坊《やまもとぼう》の支配下に入った。そして、寛文五年（一六六五）には、山本坊の支配を離れて本山聖《しょう》護院《ごいん》の直末となり、本社を三峯宮から三峯山大権現と改め、別当を観音院から三峯山観音院高雲寺《こううんじ》と改称した。こうして、関東では坊門第一の霊山として庶民の信仰を集めるようになった。

修験者の法螺貝

堂宇再建の棟札

遥拝殿より望む雲海

山犬信仰

今日の三峯神社繁栄の基礎を確立したのは、享保五年（一七二〇）に入山した日光法印《にっこうほういん》で、山犬の神札を発行して信者の拡大をはかった。これは、享保一二年（一七二七）九月一三日の夜、日光法印が山上の庵室に静座していると、山中の何処からともなく狼が現れ境内に満ちたことに神託を感じ、猪鹿《いしか》・火盗除《かとうよ》けとして山犬の神札を信者に貸し出したところ、霊験があったことに由来する。

日光法印　もと秩父郡本野上村多宝寺の住職で、享保五年に入山して荒廃した堂宇を修復するとともに、大口真神の御眷属（ごけんぞく）の札を配布して信者を拡大し、三峯神社繁栄の基礎を確立した。

お仮屋神社（遠宮）

再中興日光法印像

大口真神　狼が神として祀られたものをいう。『枕詞燭明抄』(まくらことばしょくみょうしょう) 所引の『風土記』によると、昔、大和国明日香の地に老狼がいて多くの人を食ったので、人は畏れて大口の神といい、その住む所を大口真神原といったと伝えている。

このような山犬信仰は、三峯神社を中心に山梨県金桜《かなさくら》神社・東京都御嶽《みたけ》神社・長瀞町宝登山《ほどさん》神社・秩父市（旧吉田町）城峰《じょうみね》神社などに及んでいる。これは、実際にこの地域に狼が生息し、畑を害する猪や鹿を追い、人家に潜入する盗賊を恐れさせたり、火災の危急を知らしめたことを庶民が知っていたからでもあったが、修験者が病気平癒や雨乞いはもとより、火盗を防ぎ、災害やたたりを鎮める呪術を行うとともに、狼を身近な存在と考え、これを山の神のお使いとしていたからでもあったと思われる。

三ッ鳥居前御神犬像

三峯神社の守護神となった狼は、大口《おおぐち》真神《まかみ》として祀られ、急速に庶民の心をとらえていった。農村部においては、猪や鹿などの動物による田畑の害を防除する神として崇められ、町場では盗難除けや火防の神として、広い信仰組織をもつよ

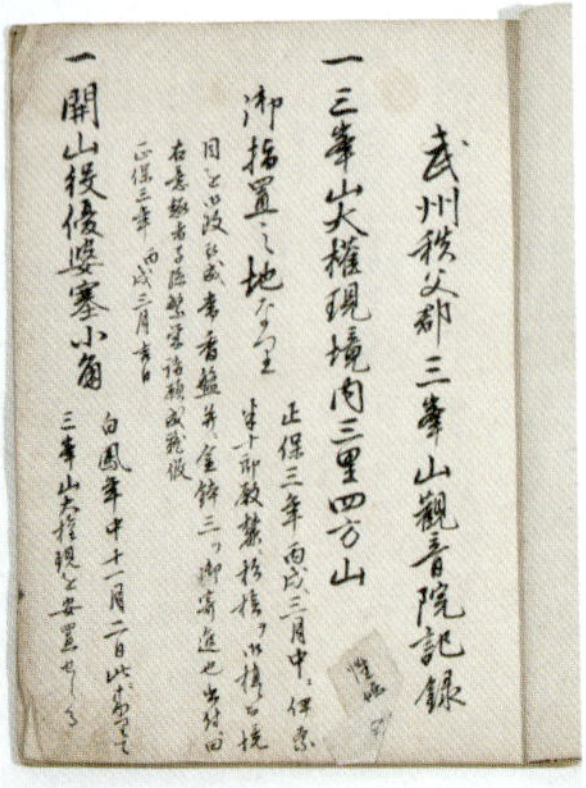
武州秩父郡三峯山観音院記録
一 三峯山大権現境内三里四方山
一 開山役優婆塞小角
同書（巻頭）

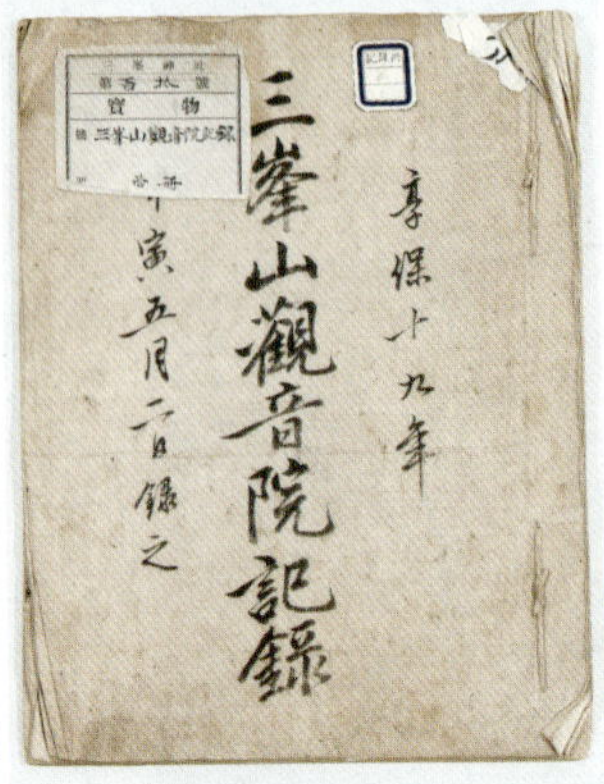
三峯山觀音院記録
享保十九年
寅五月二日録之
三峯山観音院記録

昭和51年(1976)作成

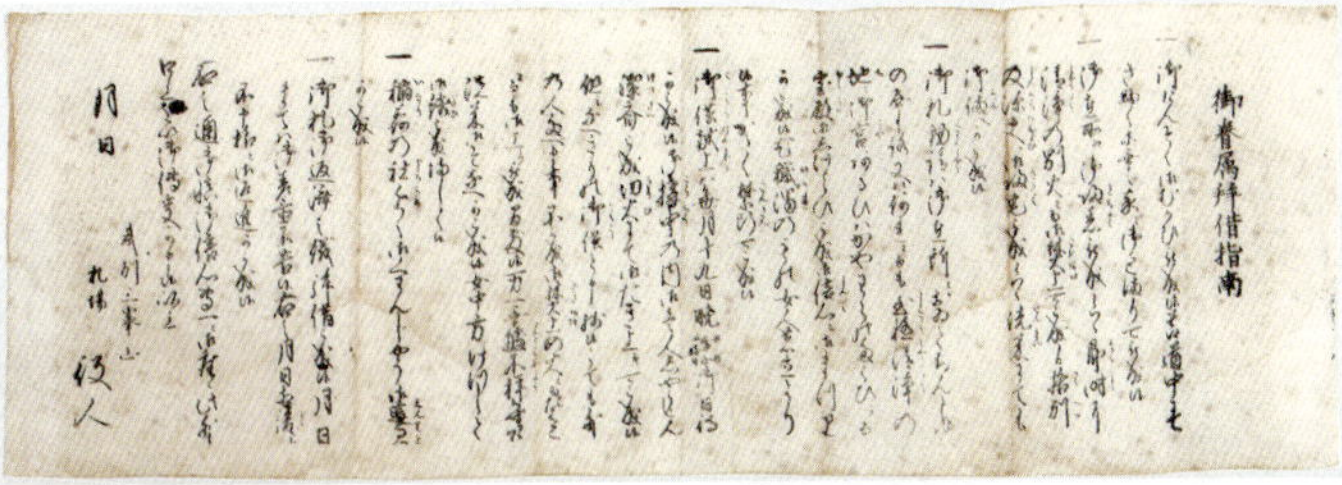

御眷属拝借指南

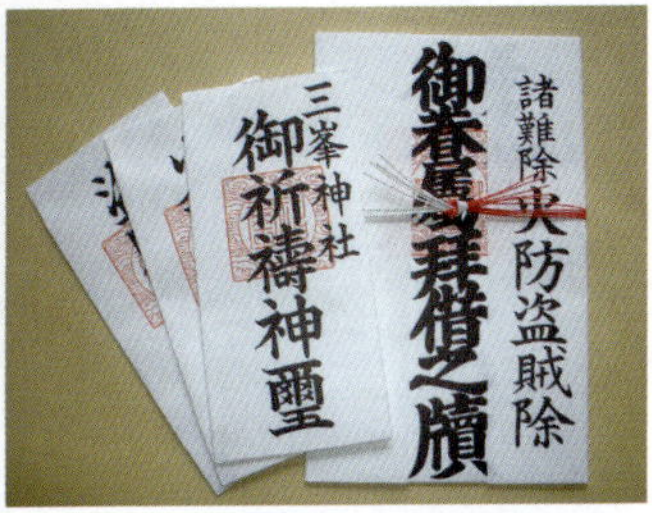

御眷属箱(左)と御眷属神札

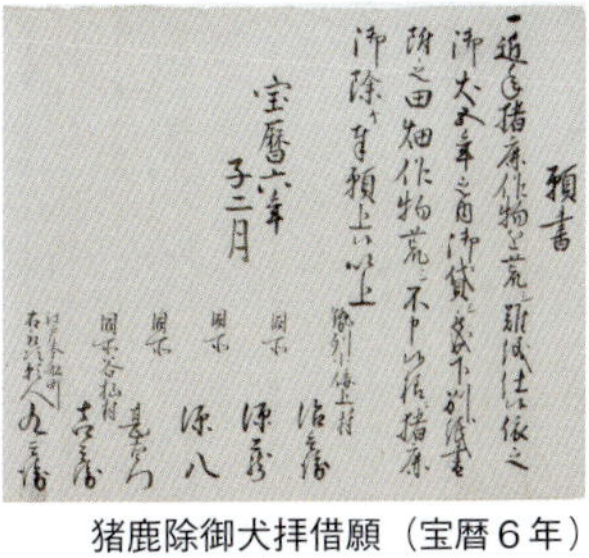

猪鹿除御犬拝借願（宝暦６年）

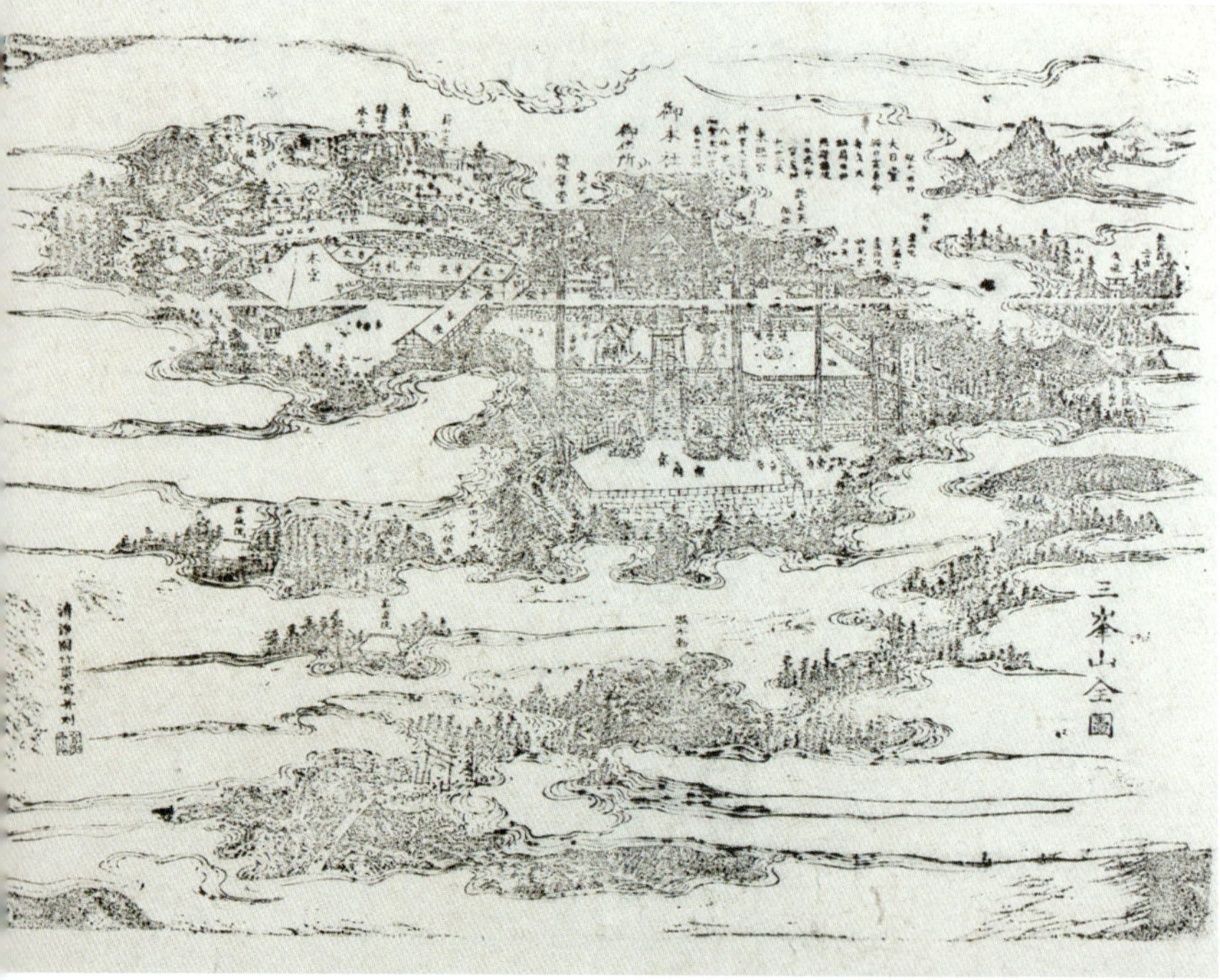

三峯山全図

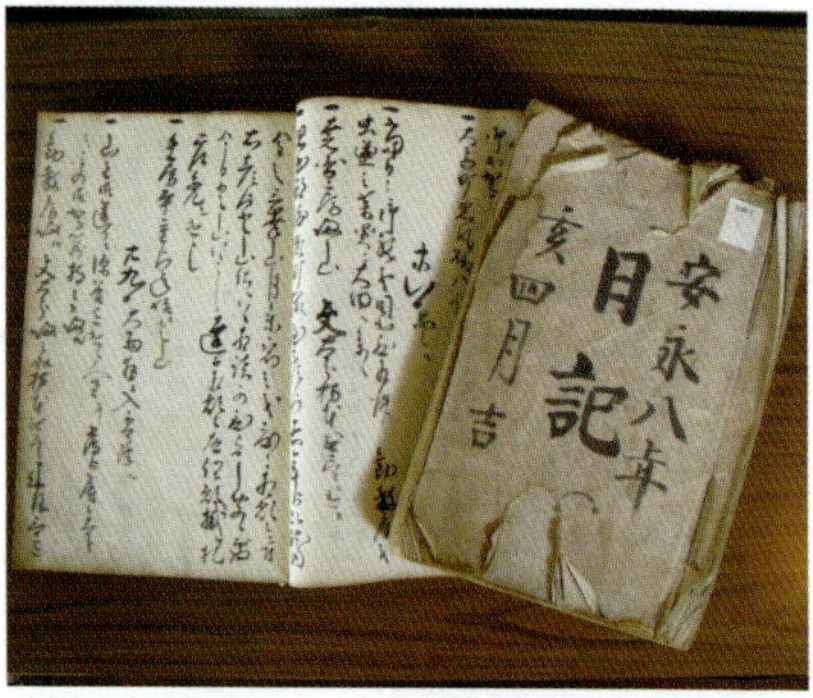

安永８年の日鑑

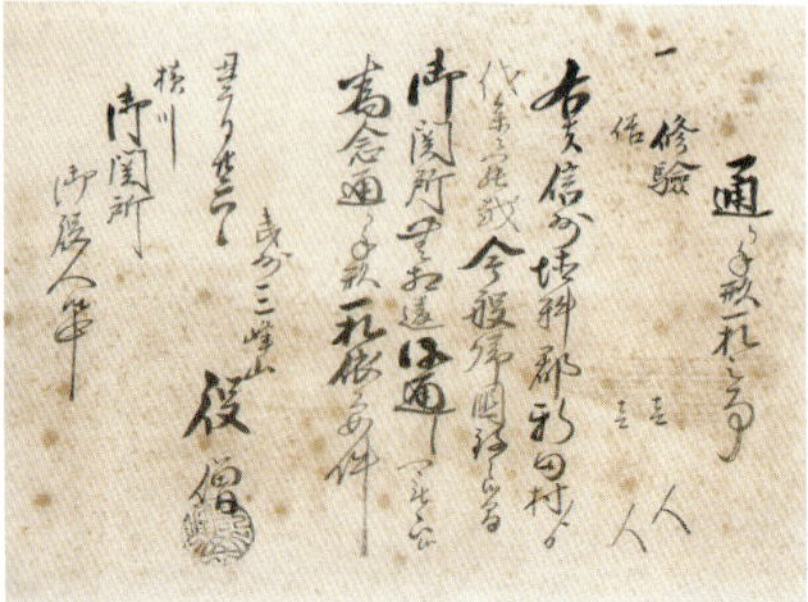

三峯神社発行の通行手形

講　宗教・経済・社交上の目的を達成するために組織された結衆集団。その起源は寺院で学僧が経論を講義する集会を意味したが、転じて、同信者の宗教的会合やその組織を示す言葉となった。交通が発達し各地への旅行が容易となった近世以降は、聖地巡礼や社寺参詣が盛んとなり、そのために参詣講の結社組織が各地でつくられた。

森玄黄斉　森玄黄斉は、文化四年（一八〇七）白久村（秩父市）の旧家山中太七の次男として生まれ、幼名を庄吉といった。幼少の頃から書画や彫刻に優れた才能を表し、山中家には一〇歳の時に彫った将棋の駒が残されている。二五歳で奈倉村（小鹿野町）の森伊左衛門の娘と結婚した。森家に入婿して以来、宿願であった彫刻の技に打ち込むことができ、印籠や根付などの細密な彫刻を多く残したことで知られている。天保一〇年（一八三九）に江戸で出版した『印籠譜』は玄黄斉の名を不朽のものとした大作である。また、絵画では「玄黄斉自画像」「鐘馗」「山水五疋虎の図」などの名作がある。明治一九年（一八八六）没。

うになった。また、江戸時代中期以降には関東地方だけではなく、甲斐・信濃などにも信仰圏を拡大していった。

信者は三峯講《みつみねこう》として組織され、三峯神社では、春の大祭を中心に多くの参詣者を迎えることとなった。講社には代参講と参拝講があり、代参講は、講社の代表が参拝して講員全員の神札を受けるものであり、参拝講は、講員全体が講元や世話人の引率によって参拝し、各自で神札を受けるものであるが、江戸時代には代参講による参詣が多かった。

代参の時期は新緑の四～五月が最も多く、くじ引きで年番を決められた代参者

森玄黄斎刻の三峯山掛軸

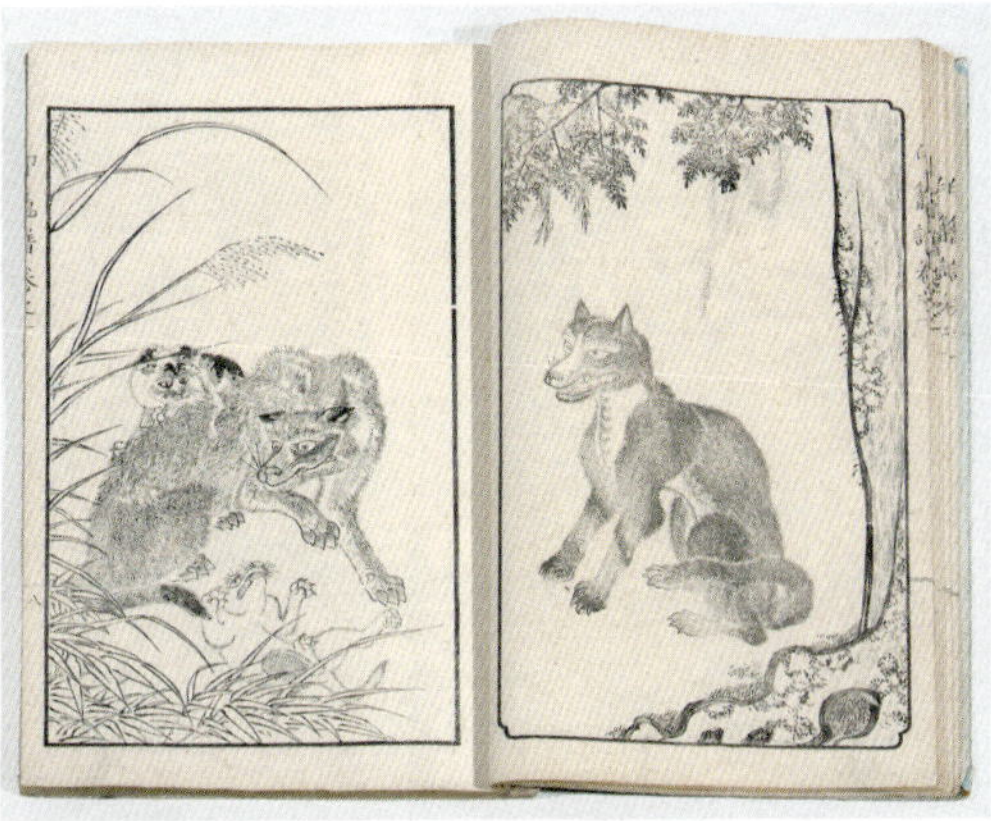
狼図（「印龍譜」部分）

は、身を清めてから村や町を出発したと伝える。代参者が三峯神社のお札を持って帰ると、お日待の宿に集まり、講中の幟を立て、床の間には三峯山の神号を書いた掛軸をかけ、神札を配って神酒を汲み交わした。

印籠譜　森玄黄斎が印籠などに刻む画題を二巻にまとめ、天保一〇年（一八三九）に江戸で出版した書籍である。秩父の風景、七福神・恵比寿・大黒などの縁起物や犬・龍・虎などの動物を見事な彫法で表現している。これらは、玄黄斎が三〇歳から三年がかりで印刻したものと伝えられている。なお、序文は儒学者の亀田綾瀬が著わし、玄黄斎を「技に神なる者」と褒め称えている。

神札版木

拝殿前の御神犬像

随身門前の御神犬像

大滝の村人から奉納された御神犬画額（明治31年）

秩父往還　秩父大宮に通じている街道を総称していう。具体的には上州道・熊谷道・川越道・吾野道・甲州道などである。これらの街道は、特に近世以降秩父札所めぐりや神社参詣、あるいは秩父絹商いなどの旅人で賑わいをみせた。

三峯参詣の道

三峯神社への道は秩父《ちちぶ》往還《おうかん》で、江戸からは熊谷通り・川越通り・吾野《あがの》通りなどがある。熊谷通りは、江戸から中山道で熊谷まで行き、そこで秩父方面に向かい寄居・皆野を経て秩父大宮に至り、そこから白久・贄川を通って大輪に出、登龍橋を渡って五二丁の表坂を登る道である。川越通りは、中山道で板橋まで出、川越街道に入り、川越・小川を経て粥新《かゆに》田峠《たとうげ》を越え、三沢から曽根《そね》坂峠《ざかとうげ》を越えて秩父大宮に至る道であり、吾野通りは、江戸から田無・所沢・吾野を通って正丸《しょうまる》峠《とうげ》を越え、秩父大宮に至る道である。

上州からは、出牛峠《じゅうしとうげ》を越えて吉田・小

手水舎彫刻

手水舎

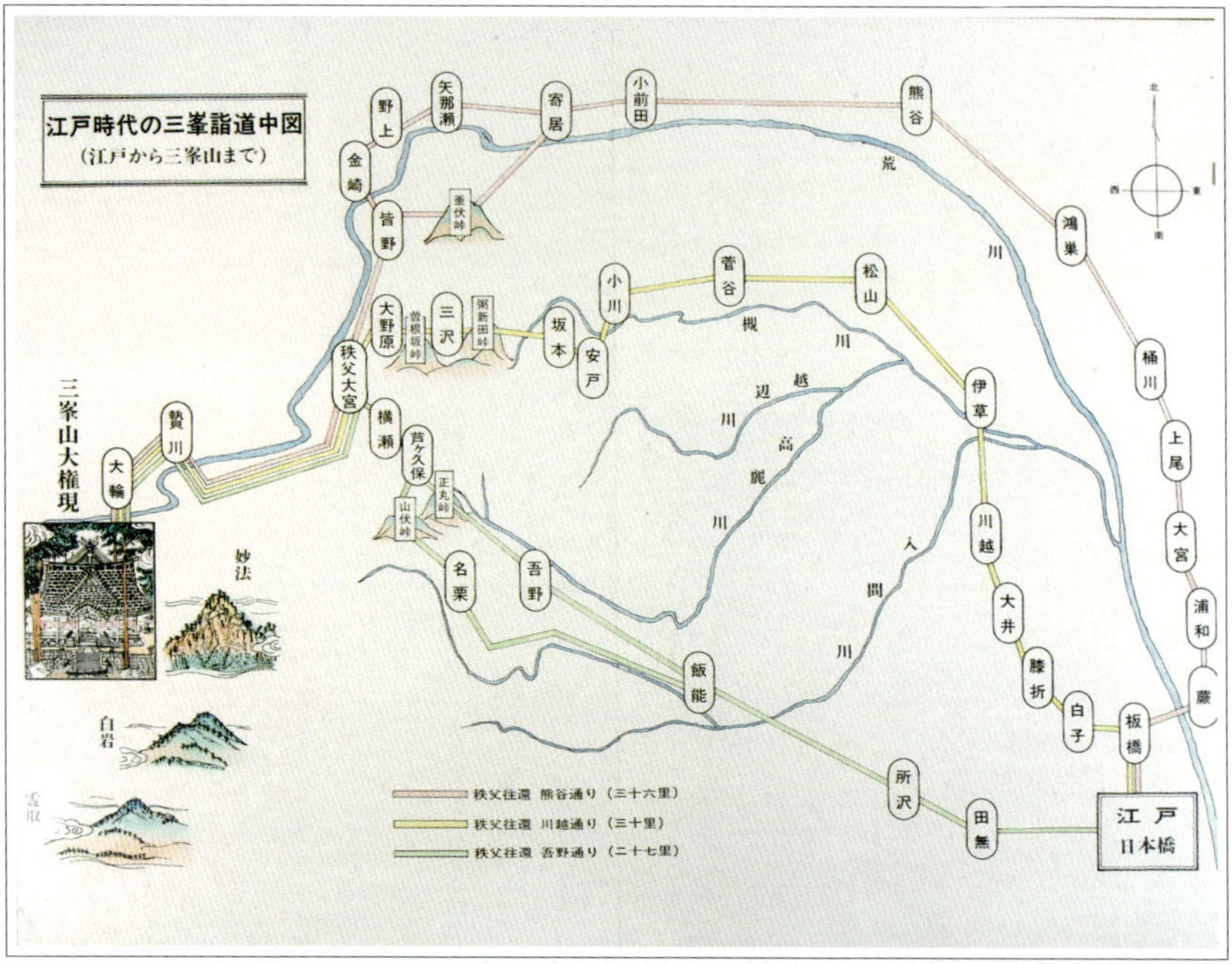
江戸時代の三峯詣道中図
（江戸から三峯山まで）
三峯山大権現
大輪
贄川
秩父大宮
金崎
野上
矢那瀬
寄居
小前田
熊谷
鴻巣
桶川
上尾
大宮
浦和
蕨
板橋
皆野
釜伏峠
大野原
曽根坂峠
三沢
粥新田峠
坂本
安戸
小川
菅谷
松山
伊草
川越
大井
膝折
白子
横瀬
芦ヶ久保
正丸峠
山伏峠
名栗
吾野
飯能
所沢
田無
江戸
日本橋
荒川
槻川
越辺川
高麗川
入間川
妙法
白岩
秩父往還 熊谷通り（三十六里）
秩父往還 川越通り（三十里）
秩父往還 吾野通り（二十七里）

東照宮（旧本殿）

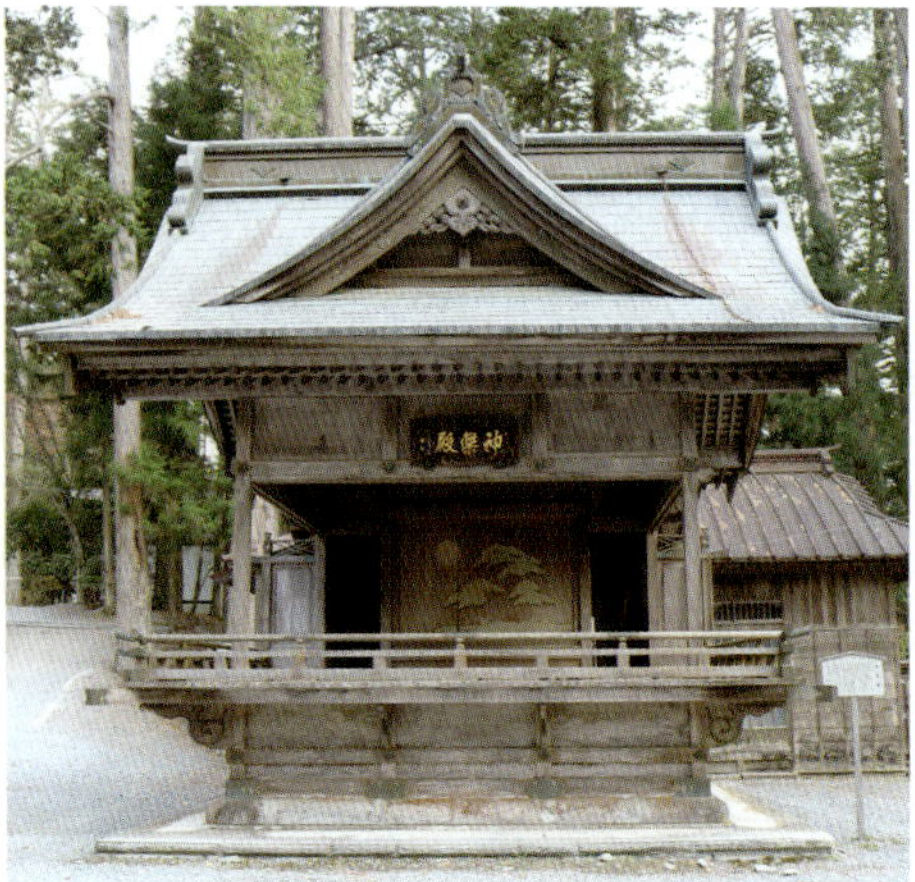

神楽殿

鹿野を経由し贄川に至る道が利用され、かつては秩父大宮から来る道との合流点には三峯神社の鳥居が建っていた。甲州からは甲州裏街道を利用し、雁坂峠《かりさかとうげ》を越えて栃本関《とちもとぜき》を経由し、麻生《あそう》からの登山道を登った。信州からは、梓山《あずさやま》を経て十文字峠を越え、白泰山頂《はくたいさんちょう》を通って栃本関に至る道が利用された。この道には一里ごとに石造の観音が祀られ、道行く人々の目じるしになっていた。

また、これらの道は、秩父札所巡りや文化交流などの道としても利用され、秩父地方と他地域を結ぶ交通路として、多くの旅人が行き交った道でもあった。

八棟木燈台

摂末社

本殿

拝殿

随身門

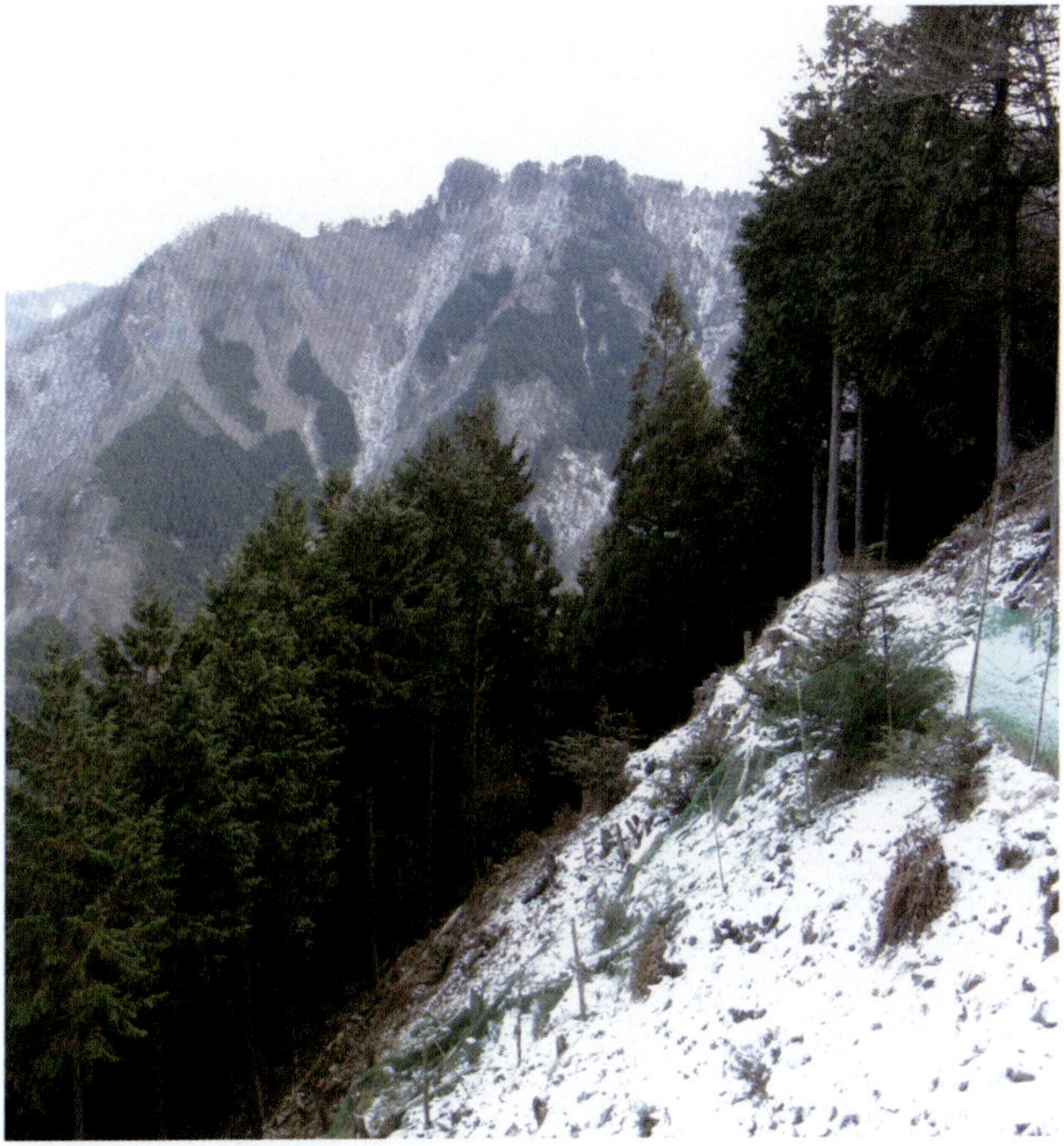

妙法ヶ岳遠望（奥宮鎮座）

参詣の様子

三峯神社参詣への旅の様子は、『三峯紀行』や『三峯山詣』・『三峯山道中記図絵』などによって知ることができる。『三峯紀行』は、松岡本固《まつおかもとかた》が文化五年（一八〇八）に著したもので、江戸の自宅から川越街道を通り、小川・坂本経由で大宮郷に入り、甲州裏街道を通って三峯神社に参詣した模様を記した紀行案内で、帰りは大宮郷から青梅・高尾山を経て、江戸に辿り着いている。

『三峯山詣』は、梅林山人《ばいりんさんじん》が天保六年（一八三五）に著した三峯神社への案内記で、江戸日本橋を出発し、中山道板橋宿から川越街道を通り、松山・小川・坂本・三沢を通って秩父盆地に入り、大宮郷から贄川宿を経て三峯神社に参詣する行程と、沿道の名所・旧跡や、名物の食べ物などを紹介している。

関東甲信越地区三峯講分布図（昭和41年度調査）
新潟県
長野県
群馬県
栃木県
福島県
埼玉県
茨城県
東京都
山梨県
神奈川県
静岡県
千葉県
新潟
長野
前橋
宇都宮
福島
水戸
甲府
浦和
千葉
横浜
静岡
三峰山
諏訪湖
中禅寺湖
桧原湖
猪苗代湖
富士五湖
霞ヶ浦
阿賀野川
信濃川
黒部川
阿武隈川
那珂川
荒川
利根川
多摩川
江戸川
相模川
富士川

三峯山詣

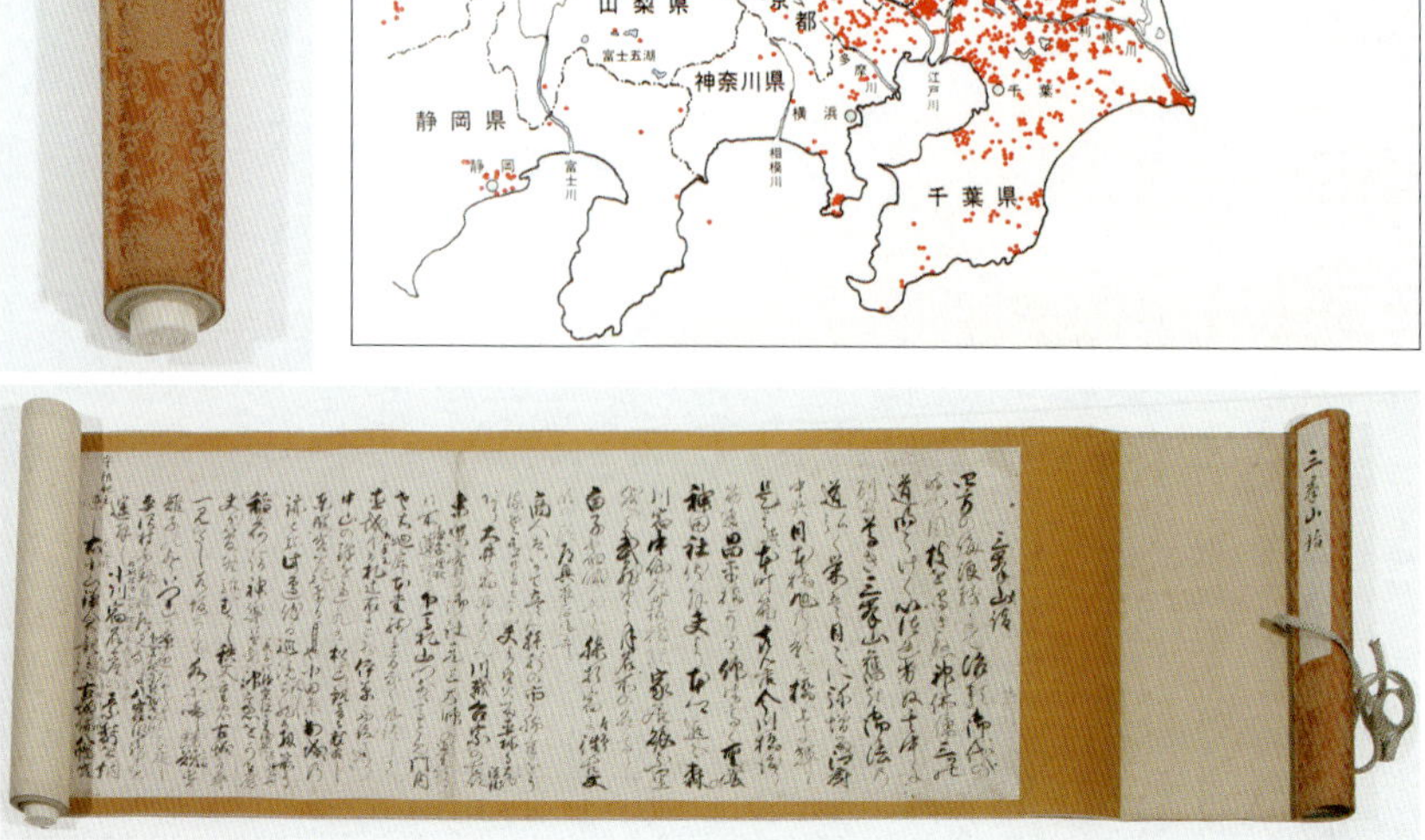
三峯山詣

三峯山詣とその巻頭

鎌倉より三峯神社に至る参詣路略図（奉納品）

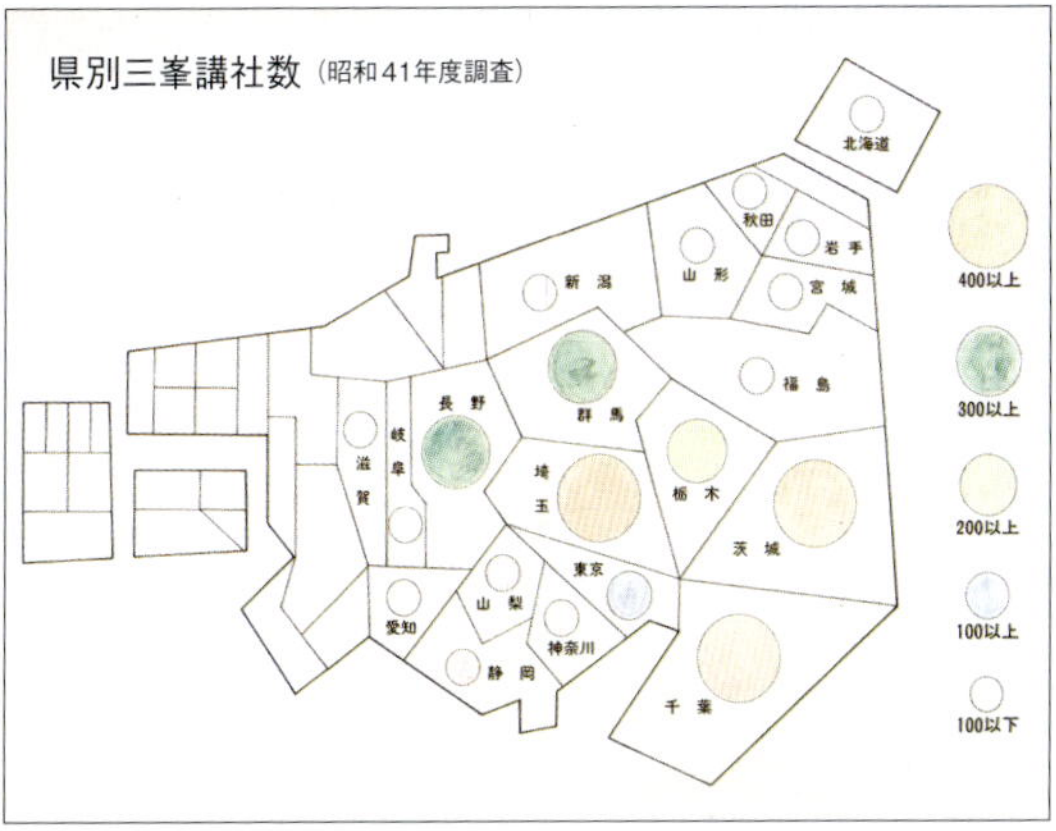

『三峯山道中記図絵』は、総州佐倉新町の芝本《しばもと》久《きゅう》兵《べ》衛《え》が明治四年（一八七一）に著した道中記で、佐倉新町に「火防の神」として三峯神社を勧請し、三峯講を組織したため、著者が第一回の代参として参詣したときの道中記である。この図絵では、佐倉から江戸に出て、飯能・吾野経由で大宮郷に入り、帰りは小川・川越経由で江戸に出ている。

　このように、当時の社寺参詣の旅は、目的地を軸に往復の道筋を変えて名所・旧跡を回遊する旅でもあり、庶民にとっては、信仰と物見遊山を兼ねた旅であったといえる。

近代以降

明治維新を迎えると、新政府は明治元年（一八六八）に神仏分離令を発布し、神仏混淆《しんぶつこんこう》を禁止したため、三峯神社では別当を廃して社号を現行に改めた。

そして、社格の制が定められると、三峯神社は明治六年（一八七三）郷社《ごうしゃ》に列せられ、次いで、同一六年（一八八三）には県社《けんしゃ》に昇格した。しかし、政府のこうした神社の序列化と国家神道に基づく信仰は、国民思想の統一や国家意識の高揚を図るもので、神社の自由な信仰活動を妨げることとなった。

大正一一年（一九二二）に秩父宮家が創立されると、当主の雍仁親王《やすひとしんのう》は宮号発祥の地である秩父を親しく訪れ、三峯神社には大正一四年五月一一日に登拝、御親拝のうえ社務所貴賓室に一泊された。これに感激した三峯神社では境内の一角に記念館建設を計画、昭和三年（一九二八）六月起工、昭和六年八月竣功をみた。これが現在の秩父宮台臨記念

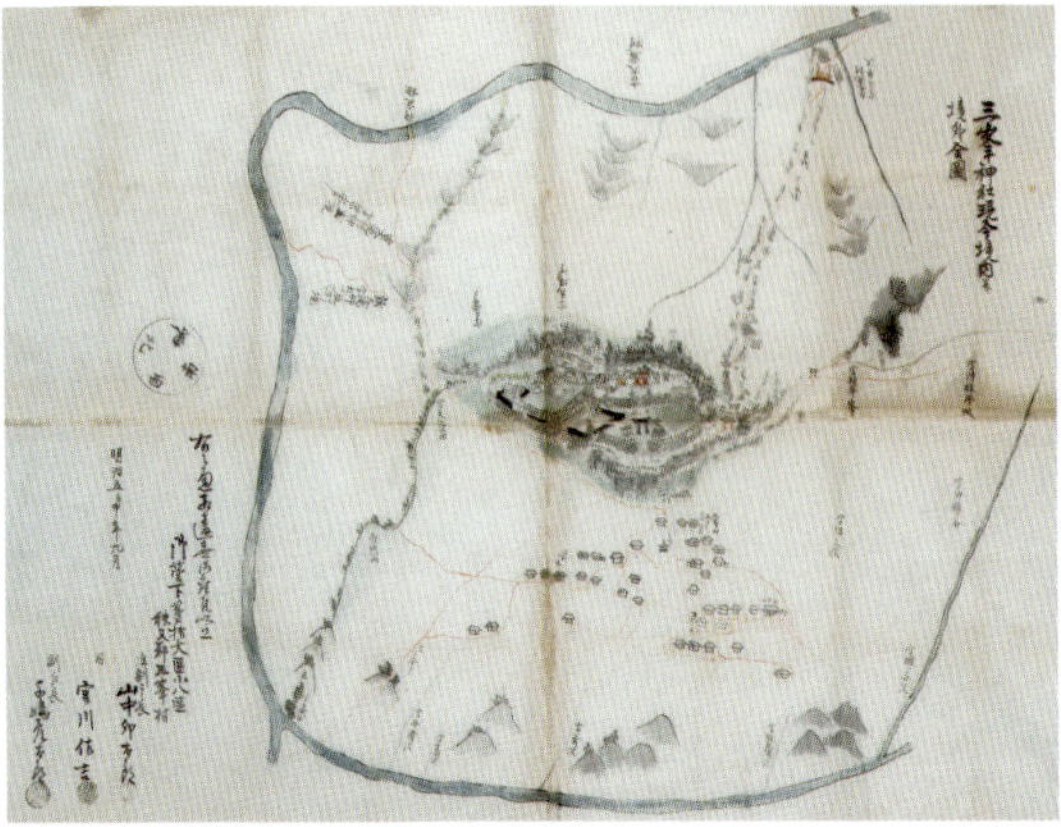

境内並びに境外全図（明治5年）

神仏分離令　明治政府が神道国教化政策を進める過程で神社のなかから仏教的色彩を排除しようとしたのが神仏分離政策である。神仏分離令は明治元年三月一七日の「神祇事務局ヨリ諸社へ達」をはじめとする一連の布達を総称していう。具体的には、別当や社僧と呼ばれていた僧侶に還俗を命じ、神社から仏像や仏教法具を取り外させ、神職には神道式の葬祭を行うよう命じたことなどである。

郷社と県社　神社に対する公的な待遇上の等級の一つで、明治四年に制定された。社格には官幣社・国幣社・県社・郷社・村社・無格社等の区別があり、県社と郷社は地方官の管轄下に置かれ、郷社の付属下に村社が置かれた。

御神木と拝殿

秩父宮台臨記念館

興雲閣と小教院

三峰山博物館

館で、昭和八年八月には、秩父宮殿下、妃殿下ご一緒に五泊六日お過ごしになられた縁ある建造物である。

　第二次世界大戦の戦禍を経て、庶民の間にもゆとりが生まれてくると、三峯神社も活気を取り戻し、自由な宗教活動を展開するようになった。そして、昭和三七年（一九六二）には、傷みの激しい本殿と拝殿の解体復元工事を実施し、社殿の面目を一新した。また、三峰観光道路や秩父湖大橋の開通によって、登山者や観光客も手軽に参拝できるようになり、四季を通じて多くの参拝客を迎えることができるようになった。

　平成一四年（二〇〇二）より行われた創建一九〇〇年・月観道満山主入山五〇〇年記念事業により、本殿、拝殿を始め山門、境内諸社の漆塗り替え、改修復元工事が実施された。境内には秩父宮記念三峰山博物館や日帰り入浴可能な宿坊興雲閣・喫茶室なども設けられ、親しまれるお山つくりが進められている。

　古木に覆われた三峯神社は、古くから

氣守

「神氣満山」と称され、神氣、霊氣が常に漂い、お参りする人々の心身を清め、力を与えてくれるといわれている、「氣守」と呼ばれるお守りがある。御神木の一部を納め三峯の「氣」を常に身につけられるよう頒布され、ご利益は仕事運、金運、心身浄化、縁結び、家庭円満、健康、厄災除けなどといわれ、求める人々が多い。

近年の三峯神社は、関東最強のパワースポットとしても知られている。多様な願望や仕事運・金運・恋愛運などのご利益は、明確な目標や意思を持つ人に強い運気をもたらしてくれるとされ、強い志と信念を持った生活を持続させることで、具体的な目標に対する運気の向上につながるといわれている。また、拝殿の手前両脇に聳え立つ推定樹齢八〇〇年の杉の御神木は、畠山重忠が奉納したと伝えられる随一のパワースポットで、この木にそっと手をかざすと、心が落ち着き、体内に潜んでいる嫌気や悪気との縁を切って新しいパワーが伝わるといわれている。

また、報徳殿の左手奥には「えんむすびの木」がある。樅の木と檜の木が寄り添い、一本の木として聳え立っている。まるで長年寄り添う夫婦のように見えるところから、縁結びの木と呼ばれている。この木の下には拝み処が用意され、備え付けの紙に好きな人や想いを伝えたい人の名前を書いて納めると、願いが叶うといわれており、良縁を願う人々のパワースポットとなっている。

えんむすびの木

えんむすび納め所

三峯神社の神領

三峯神社の南側にひらける傾斜地に三峰の集落がある。江戸時代は三峯神社の神領《しんりょう》で、ここに住む人々は「神領百姓」と称し、三峯神社に年貢を納め、神社の賦役《ふえき》に従事した。また、日常の生活も神社に依存するところが多く、宗門人別《しゅうもんにんべつ》帳《ちょう》は神社で管理していた。『新編武蔵風《しんぺんむさしふ》土記稿《どきこう》』によると、当時の家数は三六戸

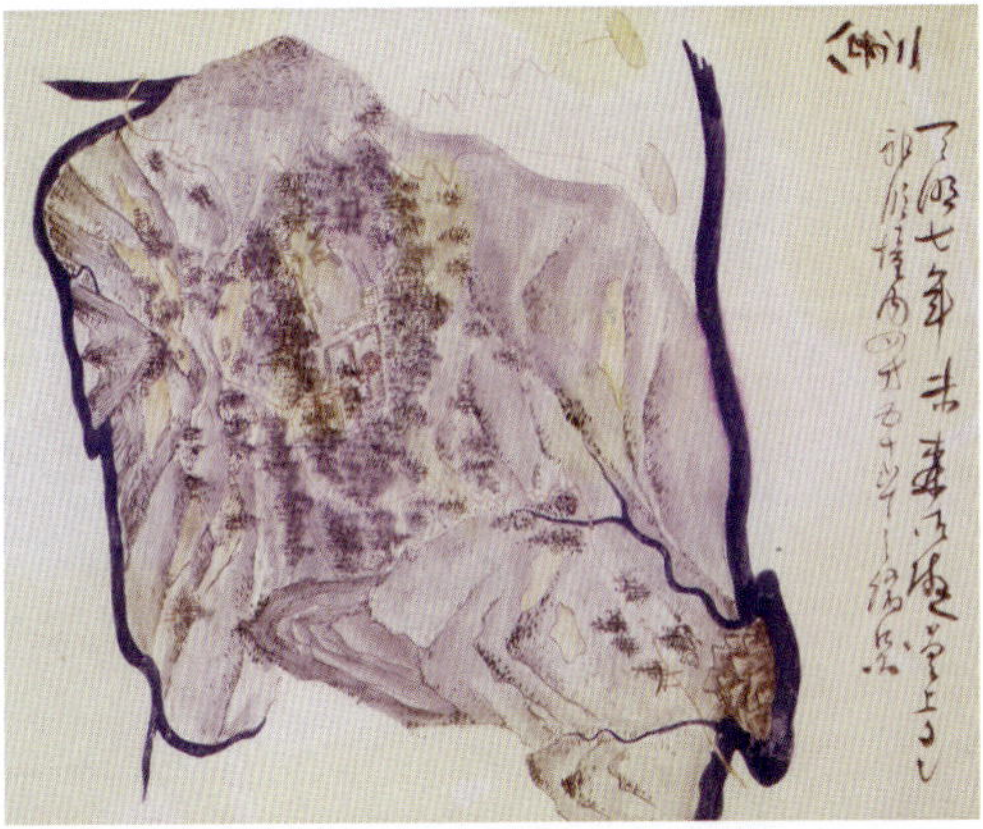
神領境内四方五十二丁之縮図（天明７年）

神領民家

神領　神社の領地で、神事や祭典あるいは造営などの費用に充てるためのもの。

新編武蔵風土記稿　徳川幕府が編纂した武蔵国の地誌で、大学頭林衡（だいがくのかみはやしまもる）を総裁として文化七年（一八一〇）から文政一一年（一八二八）にかけて編纂され、天保元年（一八三〇）に上呈された。二六六巻から成り、各町村毎に起源沿革から地形・道路・物産・戸数・支配・山川池沼・用水・寺社などが詳細に紹介され、随所に挿図が描かれている。化政期における武蔵国を網羅した地誌として、その利用価値は高い。

昭和50年代の大輪の町並

昭和40年代の神領民家

昭和40年代の三峯神領村

であったが、現在は分家などで六〇戸に増えている。この集落の住居の特徴は、単純な間取りと千木風《ちぎふう》の棟押えをいただいた茅葺屋根であったが、生活様式の変化などで昭和四〇年代から次第に少なくなり、往時のたたずまいを見つけるのは難しくなった。こうしたなかで、三峰山博物館が三峰の千島万作《ちしままんさく》氏から民家の寄贈を受け、昭和五四年（一九七九）に神社の境内に移築・復元し、来館者に公開しているのは喜ばしいことである。

宝物と年中行事

宝物

●本殿（県指定文化財）

寛文元年（一六六一）一一月、中興第六代竜《りゅう》誉《よ》法印《ほういん》が、願主となって造営した一間社春日造りの建物である。石積みの基壇上に立ち、正面と両側に縁を回し、勾欄《こうらん》を付け、屋根は銅板葺きで、総体的に木割が太く堂々とした風格を備えている。また、全体に漆が塗られ、斗組《ますくみ》・虹梁《こうりょう》・柱頭《ちゅうとう》などには極彩色が施された美麗な本殿である。

一間社春日造り　神社本殿の形式の一つ。一間社とは建物の規模を表現した言葉で、間口一間の本殿をいい、春日造りとは、屋根が切妻造りで妻入りの本殿の前に向拝があるものをいう。奈良の春日神社が代表的な造りである。

編年体　歴史書記述の一体裁で、年月の順を追って記述する方法である。

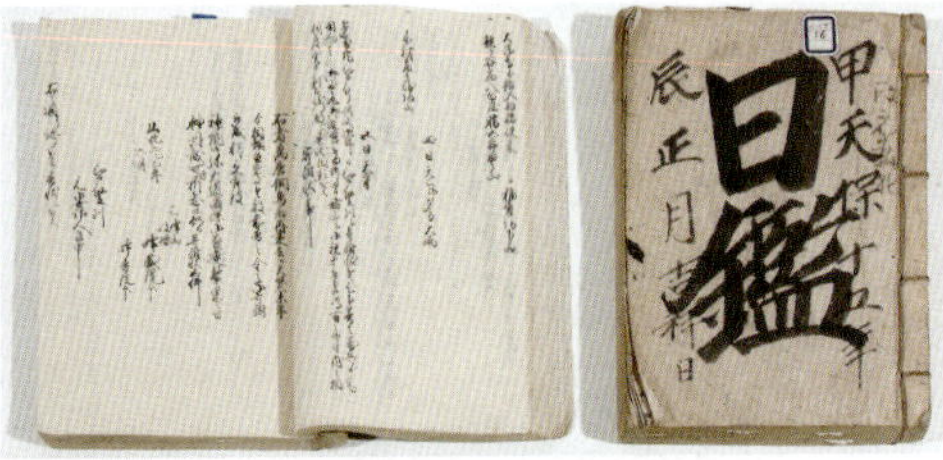

天保15年の日鑑

本殿

拝殿彫刻

●銅板絵馬

三峯神社に奉納された銅板製の打出し絵馬で、四枚あり、いずれも江戸時代前期製作の優品である。寛永一二年（一六三五）奉納の高札型縁《ふち》付き絵馬・同一六年奉納の円型縁付き絵馬・同二〇年奉納の高札型縁なし絵馬と扇型縁なし絵馬である。

●日鑑（県指定文化財）

編年体でまとめられた三峯神社の日誌で、安永八年（一七七九）から現在まで書き続けられている。三峯神社の記録としてだけではなく、秩父地域の出来事や江戸等との交流の模様、世相の変遷などを知ることのできる貴重な資料である。全体で一七〇冊のうち、江戸時代の八〇冊と明治時代の四五冊が県指定文化財となっている。

●施《せ》宿《しゅく》供養塔（県指定旧跡）

三峯神社の表参道の途中に位置する薬師堂跡にある。登山を許されない女性や病気または疲労によって登山できない者を、薬師堂の堂主が無料で宿泊させ、三千人になったのを記念して明和九年（一七七二）に建立したもので、表面に「廻国三千人施宿供養塔」と刻まれている。

南部藩主南部重直寄進の銅鐘

施宿供養塔

寛永12年銘銅板絵馬

寛永20年銘銅板絵馬

寛永16年銘銅板絵馬

御正体 (天文14年銘懸仏)

●銅鐘

南部藩主南部《なんぶ》山城守《やましろのかみ》重直《しげなお》が明暦三年（一六五七）五月に寄進したもので、作者は江戸の藤原重家《しげいえ》である。

●御正体

児玉郡金屋《かなや》の中林次郎太郎が天文一四年（一五四五）八月に奉納したもので、表面中央に十一面観音を鋳するとともに、その左右に「奉御正体所《みしょうたいをたてまつるところ》三峯大明神」と陰刻している。

年中行事

元旦　歳旦祭
一月三日　元始祭
一月一五日　御筒粥神事
二月一七日　祈年祭
二月　節分祭（ごもっとも神事）
四月八日　例大祭
五月三日　奥宮山開祭
八月一五日　祖霊社祭
八月第四日曜日　諏訪神社祭（獅子舞）
一〇月九日　奥宮山閉祭
一〇月一七日　神嘗奉祝祭
一一月二三日　新嘗祭
一二月二日　冬季大祭
一二月三一日　大祓式

十五夜・十三夜に行われる月読祭

ごもっとも神事（節分祭）

大寒の日に行われる錬成研修大寒禊

諏訪神社祭に奉納される獅子舞

奥宮山開祭

大祓式